Ce carnet de golf
Appartient à :

Nom : _______________________________

Téléphone : _______________________________

Email : _______________________________

Carnet de Golf

Date: **Heure de début :**   **Heure de fin :**

Emplacement : ....

Temps : ☀ ☁ 🌧 ⚑   **Température :** ....

Partenaires de golf : ....

Eagles: ....   **Bogeys:** ....

Birdies: ....   **Bogey+:** ....

Pars: ....   **Autres :** ....

Trous	1	2	3	4	5	6	7	8	9	Total
Fairway										
Par										
Stroke										
Putts										
Hazard										
Penalties										
Score										

Trous	1	2	3	4	5	6	7	8	9	Total
Fairway										
Par										
Stroke										
Putts										
Hazard										
Penalties										
Score										

Carnet de Golf

Date: **Heure de début :** **Heure de fin :**

Emplacement : ....

Temps : ☀ ☁ 🌧 ⚑ **Température :** ....

Partenaires de golf : ....

Eagles: .... **Bogeys:** ....

Birdies: .... **Bogey+:** ....

Pars: .... **Autres :** ....

Trous	1	2	3	4	5	6	7	8	9	Total
Fairway										
Par										
Stroke										
Putts										
Hazard										
Penalties										
Score										
Trous	1	2	3	4	5	6	7	8	9	Total
Fairway										
Par										
Stroke										
Putts										
Hazard										
Penalties										
Score										

Carnet de Golf

Date: **Heure de début :**   **Heure de fin :**

Emplacement : ....

Temps : ☀ ☁ 🌧 ⚑   **Température :** ....

Partenaires de golf : ....

Eagles: ....   **Bogeys:** ....

Birdies: ....   **Bogey+:** ....

Pars: ....   **Autres :** ....

Trous	1	2	3	4	5	6	7	8	9	Total
Fairway										
Par										
Stroke										
Putts										
Hazard										
Penalties										
Score										

Trous	1	2	3	4	5	6	7	8	9	Total
Fairway										
Par										
Stroke										
Putts										
Hazard										
Penalties										
Score										

Carnet de Golf

<table>
<tr><td>Date:</td><td>Heure de début :</td><td>Heure de fin :</td></tr>
</table>

Emplacement : ....

Temps : ☀ ☁ 🌧 ⚑   **Température :** ....

Partenaires de golf : ....

Eagles: .... **Bogeys:** ....

Birdies: .... **Bogey+:** ....

Pars: .... **Autres :** ....

Trous	1	2	3	4	5	6	7	8	9	Total
Fairway										
Par										
Stroke										
Putts										
Hazard										
Penalties										
Score										

Trous	1	2	3	4	5	6	7	8	9	Total
Fairway										
Par										
Stroke										
Putts										
Hazard										
Penalties										
Score										

Carnet de Golf

Date: **Heure de début :**   **Heure de fin :**

Emplacement : ....

Temps : ☀ ☁ 🌧 ⚑   **Température :** ....

Partenaires de golf : ....

Eagles: .... **Bogeys:** ....

Birdies: .... **Bogey+:** ....

Pars: .... **Autres :** ....

Trous	1	2	3	4	5	6	7	8	9	Total
Fairway										
Par										
Stroke										
Putts										
Hazard										
Penalties										
Score										

Trous	1	2	3	4	5	6	7	8	9	Total
Fairway										
Par										
Stroke										
Putts										
Hazard										
Penalties										
Score										

Carnet de Golf

Date: **Heure de début :** **Heure de fin :**

Emplacement : …………………………………………………………………

Temps : ☀ ☁ 🌧 ⚑ **Température :** ……………

Partenaires de golf : ……………………………………………………

Eagles: ………………………… **Bogeys:** …………………………

Birdies: ………………………… **Bogey+:** …………………………

Pars: ………………………… **Autres :** …………………………

Trous	1	2	3	4	5	6	7	8	9	Total
Fairway										
Par										
Stroke										
Putts										
Hazard										
Penalties										
Score										

Trous	1	2	3	4	5	6	7	8	9	Total
Fairway										
Par										
Stroke										
Putts										
Hazard										
Penalties										
Score										

Carnet de Golf

Date: **Heure de début :**   **Heure de fin :**

Emplacement : ....

Temps : ☀ ☁ 🌧 ⚑   **Température :** ....

Partenaires de golf : ....

Eagles: ....   **Bogeys:** ....

Birdies: ....   **Bogey+:** ....

Pars: ....   **Autres :** ....

Trous	1	2	3	4	5	6	7	8	9	Total
Fairway										
Par										
Stroke										
Putts										
Hazard										
Penalties										
Score										

Trous	1	2	3	4	5	6	7	8	9	Total
Fairway										
Par										
Stroke										
Putts										
Hazard										
Penalties										
Score										

Carnet de Golf

Date: **Heure de début :**   **Heure de fin :**

Emplacement : ....

Temps : ☀ ☁ 🌧 ⚑   **Température :** ....

Partenaires de golf : ....

Eagles: ....   **Bogeys:** ....

Birdies: ....   **Bogey+:** ....

Pars: ....   **Autres :** ....

Trous	1	2	3	4	5	6	7	8	9	Total
Fairway										
Par										
Stroke										
Putts										
Hazard										
Penalties										
Score										

Trous	1	2	3	4	5	6	7	8	9	Total
Fairway										
Par										
Stroke										
Putts										
Hazard										
Penalties										
Score										

Carnet de Golf

Date: Heure de début :   Heure de fin :

Emplacement : ....

Temps : ☀ ☁ 🌧 ⚑   Température : ....

Partenaires de golf : ....

Eagles: ....   Bogeys: ....

Birdies: ....   Bogey+: ....

Pars: ....   Autres : ....

Trous	1	2	3	4	5	6	7	8	9	Total
Fairway										
Par										
Stroke										
Putts										
Hazard										
Penalties										
Score										

Trous	1	2	3	4	5	6	7	8	9	Total
Fairway										
Par										
Stroke										
Putts										
Hazard										
Penalties										
Score										

Carnet de Golf

Date: **Heure de début :**   **Heure de fin :**

Emplacement : ....

Temps : ☀ ☁ 🌧 ⚑   **Température :** ....

Partenaires de golf : ....

Eagles: ....   **Bogeys:** ....

Birdies: ....   **Bogey+:** ....

Pars: ....   **Autres :** ....

Trous	1	2	3	4	5	6	7	8	9	Total
Fairway										
Par										
Stroke										
Putts										
Hazard										
Penalties										
Score										

Trous	1	2	3	4	5	6	7	8	9	Total
Fairway										
Par										
Stroke										
Putts										
Hazard										
Penalties										
Score										

Carnet de Golf

Date: **Heure de début :** **Heure de fin :**

Emplacement : ....

Temps : ☀ ☁ 🌧 ⚑ **Température :** ....

Partenaires de golf : ....

Eagles: .... **Bogeys:** ....

Birdies: .... **Bogey+:** ....

Pars: .... **Autres :** ....

Trous	1	2	3	4	5	6	7	8	9	Total
Fairway										
Par										
Stroke										
Putts										
Hazard										
Penalties										
Score										

Trous	1	2	3	4	5	6	7	8	9	Total
Fairway										
Par										
Stroke										
Putts										
Hazard										
Penalties										
Score										

Carnet de Golf

Date: **Heure de début :**   **Heure de fin :**

Emplacement : ....

Temps : ☀ ☁ 🌧 ⚑   **Température :** ....

Partenaires de golf : ....

Eagles: ....   **Bogeys:** ....

Birdies: ....   **Bogey+:** ....

Pars: ....   **Autres :** ....

Trous	1	2	3	4	5	6	7	8	9	Total
Fairway										
Par										
Stroke										
Putts										
Hazard										
Penalties										
Score										

Trous	1	2	3	4	5	6	7	8	9	Total
Fairway										
Par										
Stroke										
Putts										
Hazard										
Penalties										
Score										

Carnet de Golf

Date: **Heure de début :** **Heure de fin :**

Emplacement : ....

Temps : ☀ ☁ 🌧 ⚑ **Température :** ....

Partenaires de golf : ....

Eagles: .... **Bogeys:** ....

Birdies: .... **Bogey+:** ....

Pars: .... **Autres :** ....

Trous	1	2	3	4	5	6	7	8	9	Total
Fairway										
Par										
Stroke										
Putts										
Hazard										
Penalties										
Score										
Trous	1	2	3	4	5	6	7	8	9	Total
Fairway										
Par										
Stroke										
Putts										
Hazard										
Penalties										
Score										

Carnet de Golf

Date: **Heure de début :** **Heure de fin :**

Emplacement : ....

Temps : ☀ ☁ 🌧 ⚑ **Température :** ....

Partenaires de golf : ....

Eagles: .... **Bogeys:** ....

Birdies: .... **Bogey+:** ....

Pars: .... **Autres :** ....

Trous	1	2	3	4	5	6	7	8	9	Total
Fairway										
Par										
Stroke										
Putts										
Hazard										
Penalties										
Score										

Trous	1	2	3	4	5	6	7	8	9	Total
Fairway										
Par										
Stroke										
Putts										
Hazard										
Penalties										
Score										

Carnet de Golf

Date: **Heure de début :**   **Heure de fin :**

Emplacement : ....

Temps : ☀ ☁ 🌧 ⚑   **Température :** ....

Partenaires de golf : ....

Eagles: ....   **Bogeys:** ....

Birdies: ....   **Bogey+:** ....

Pars: ....   **Autres :** ....

Trous	1	2	3	4	5	6	7	8	9	Total
Fairway										
Par										
Stroke										
Putts										
Hazard										
Penalties										
Score										

Trous	1	2	3	4	5	6	7	8	9	Total
Fairway										
Par										
Stroke										
Putts										
Hazard										
Penalties										
Score										

Carnet de Golf

Date: **Heure de début :**   **Heure de fin :**

Emplacement : ....

Temps : ☀ ☁ 🌧 ⚑   **Température :** ....

Partenaires de golf : ....

Eagles: ....   **Bogeys:** ....

Birdies: ....   **Bogey+:** ....

Pars: ....   **Autres :** ....

Trous	1	2	3	4	5	6	7	8	9	Total
Fairway										
Par										
Stroke										
Putts										
Hazard										
Penalties										
Score										

Trous	1	2	3	4	5	6	7	8	9	Total
Fairway										
Par										
Stroke										
Putts										
Hazard										
Penalties										
Score										

Carnet de Golf

Date: **Heure de début :**   **Heure de fin :**

Emplacement : ....

Temps : ☀ ☁ 🌧 ⚑   **Température :** ....

Partenaires de golf : ....

Eagles:	....	**Bogeys:**	....
Birdies:	....	**Bogey+:**	....
Pars:	....	**Autres :**	....

Trous	1	2	3	4	5	6	7	8	9	Total
Fairway										
Par										
Stroke										
Putts										
Hazard										
Penalties										
Score										

Trous	1	2	3	4	5	6	7	8	9	Total
Fairway										
Par										
Stroke										
Putts										
Hazard										
Penalties										
Score										

Carnet de Golf

Date: **Heure de début :** **Heure de fin :**

Emplacement : ....

Temps : ☀ ☁ 🌧 ⚑   **Température :** ....

Partenaires de golf : ....

Eagles: ....   **Bogeys:** ....

Birdies: ....   **Bogey+:** ....

Pars: ....   **Autres :** ....

Trous	1	2	3	4	5	6	7	8	9	Total
Fairway										
Par										
Stroke										
Putts										
Hazard										
Penalties										
Score										

Trous	1	2	3	4	5	6	7	8	9	Total
Fairway										
Par										
Stroke										
Putts										
Hazard										
Penalties										
Score										

Carnet de Golf

Date: **Heure de début :**   **Heure de fin :**

Emplacement : ....

Temps : ☀ ☁ 🌧 ⚑   **Température :** ....

Partenaires de golf : ....

Eagles: ....   **Bogeys:** ....

Birdies: ....   **Bogey+:** ....

Pars: ....   **Autres :** ....

Trous	1	2	3	4	5	6	7	8	9	Total
Fairway										
Par										
Stroke										
Putts										
Hazard										
Penalties										
Score										

Trous	1	2	3	4	5	6	7	8	9	Total
Fairway										
Par										
Stroke										
Putts										
Hazard										
Penalties										
Score										

Carnet de Golf

Date: **Heure de début :**   **Heure de fin :**

Emplacement : ....

Temps : ☀ ☁ 🌧 ⚑   **Température :** ....

Partenaires de golf : ....

Eagles: ....   **Bogeys:** ....

Birdies: ....   **Bogey+:** ....

Pars: ....   **Autres :** ....

Trous	1	2	3	4	5	6	7	8	9	Total
Fairway										
Par										
Stroke										
Putts										
Hazard										
Penalties										
Score										

Trous	1	2	3	4	5	6	7	8	9	Total
Fairway										
Par										
Stroke										
Putts										
Hazard										
Penalties										
Score										

Carnet de Golf

Date: **Heure de début :**   **Heure de fin :**

Emplacement : ....

Temps : ☀ ☁ 🌧 ⚑   **Température :** ....

Partenaires de golf : ....

Eagles: ....   **Bogeys:** ....

Birdies: ....   **Bogey+:** ....

Pars: ....   **Autres :** ....

Trous	1	2	3	4	5	6	7	8	9	Total
Fairway										
Par										
Stroke										
Putts										
Hazard										
Penalties										
Score										
Trous	1	2	3	4	5	6	7	8	9	Total
Fairway										
Par										
Stroke										
Putts										
Hazard										
Penalties										
Score										

Carnet de Golf

Date: **Heure de début :**   **Heure de fin :**

Emplacement : ....

Temps : ☀ ☁ 🌧 ⚑   **Température :** ....

Partenaires de golf : ....

Eagles: ....   **Bogeys:** ....

Birdies: ....   **Bogey+:** ....

Pars: ....   **Autres :** ....

Trous	1	2	3	4	5	6	7	8	9	Total
Fairway										
Par										
Stroke										
Putts										
Hazard										
Penalties										
Score										
Trous	1	2	3	4	5	6	7	8	9	Total
Fairway										
Par										
Stroke										
Putts										
Hazard										
Penalties										
Score										

Carnet de Golf

Date: **Heure de début :**   **Heure de fin :**

Emplacement : ....

Temps : ☀ ☁ 🌧 ⚑   **Température :** ....

Partenaires de golf : ....

Eagles: ....   **Bogeys:** ....

Birdies: ....   **Bogey+:** ....

Pars: ....   **Autres :** ....

Trous	1	2	3	4	5	6	7	8	9	Total
Fairway										
Par										
Stroke										
Putts										
Hazard										
Penalties										
Score										

Trous	1	2	3	4	5	6	7	8	9	Total
Fairway										
Par										
Stroke										
Putts										
Hazard										
Penalties										
Score										

Carnet de Golf

Date: **Heure de début :** **Heure de fin :**

Emplacement : ....

Temps : ☀ ☁ 🌧 ⚑ **Température :** ....

Partenaires de golf : ....

Eagles: .... **Bogeys:** ....

Birdies: .... **Bogey+:** ....

Pars: .... **Autres :** ....

Trous	1	2	3	4	5	6	7	8	9	Total
Fairway										
Par										
Stroke										
Putts										
Hazard										
Penalties										
Score										
Trous	1	2	3	4	5	6	7	8	9	Total
Fairway										
Par										
Stroke										
Putts										
Hazard										
Penalties										
Score										

Carnet de Golf

Date: **Heure de début :**   **Heure de fin :**

Emplacement : ....

Temps : ☀ ☁ 🌧 ⚑   **Température :** ....

Partenaires de golf : ....

Eagles: ....   **Bogeys:** ....

Birdies: ....   **Bogey+:** ....

Pars: ....   **Autres :** ....

Trous	1	2	3	4	5	6	7	8	9	Total
Fairway										
Par										
Stroke										
Putts										
Hazard										
Penalties										
Score										

Trous	1	2	3	4	5	6	7	8	9	Total
Fairway										
Par										
Stroke										
Putts										
Hazard										
Penalties										
Score										

Carnet de Golf

Date: **Heure de début :**   **Heure de fin :**

Emplacement : ....

Temps : ☀ ☁ 🌧 ⚑   **Température :** ....

Partenaires de golf : ....

Eagles: ....   **Bogeys:** ....

Birdies: ....   **Bogey+:** ....

Pars: ....   **Autres :** ....

Trous	1	2	3	4	5	6	7	8	9	Total
Fairway										
Par										
Stroke										
Putts										
Hazard										
Penalties										
Score										

Trous	1	2	3	4	5	6	7	8	9	Total
Fairway										
Par										
Stroke										
Putts										
Hazard										
Penalties										
Score										

Carnet de Golf

Date: **Heure de début :**   **Heure de fin :**

Emplacement : ....

Temps : ☀ ☁ 🌧 ⚑   **Température :** ....

Partenaires de golf : ....

Eagles: ....   **Bogeys:** ....

Birdies: ....   **Bogey+:** ....

Pars: ....   **Autres :** ....

Trous	1	2	3	4	5	6	7	8	9	Total
Fairway										
Par										
Stroke										
Putts										
Hazard										
Penalties										
Score										

Trous	1	2	3	4	5	6	7	8	9	Total
Fairway										
Par										
Stroke										
Putts										
Hazard										
Penalties										
Score										

Carnet de Golf

Date: **Heure de début :**   **Heure de fin :**

Emplacement : ....

Temps : ☀ ☁ 🌧 ⚑   **Température :** ....

Partenaires de golf : ....

Eagles: ....   **Bogeys:** ....

Birdies: ....   **Bogey+:** ....

Pars: ....   **Autres :** ....

Trous	1	2	3	4	5	6	7	8	9	Total
Fairway										
Par										
Stroke										
Putts										
Hazard										
Penalties										
Score										

Trous	1	2	3	4	5	6	7	8	9	Total
Fairway										
Par										
Stroke										
Putts										
Hazard										
Penalties										
Score										

Carnet de Golf

Date: **Heure de début :**   **Heure de fin :**

Emplacement : ....

Temps : ☀ ☁ 🌧 ⚑   **Température :** ....

Partenaires de golf : ....

Eagles: ....   **Bogeys:** ....

Birdies: ....   **Bogey+:** ....

Pars: ....   **Autres :** ....

Trous	1	2	3	4	5	6	7	8	9	Total
Fairway										
Par										
Stroke										
Putts										
Hazard										
Penalties										
Score										

Trous	1	2	3	4	5	6	7	8	9	Total
Fairway										
Par										
Stroke										
Putts										
Hazard										
Penalties										
Score										

Carnet de Golf

Date: **Heure de début :**   **Heure de fin :**

Emplacement : ....

Temps : ☀ ☁ 🌧 ⚑   **Température :** ....

Partenaires de golf : ....

Eagles: ....   **Bogeys:** ....

Birdies: ....   **Bogey+:** ....

Pars: ....   **Autres :** ....

Trous	1	2	3	4	5	6	7	8	9	Total
Fairway										
Par										
Stroke										
Putts										
Hazard										
Penalties										
Score										

Trous	1	2	3	4	5	6	7	8	9	Total
Fairway										
Par										
Stroke										
Putts										
Hazard										
Penalties										
Score										

Carnet de Golf

Date: Heure de début :   Heure de fin :

Emplacement : ....

Temps : ☀ ☁ 🌧 ⚑   Température : ....

Partenaires de golf : ....

Eagles: ....   Bogeys: ....

Birdies: ....   Bogey+: ....

Pars: ....   Autres : ....

Trous	1	2	3	4	5	6	7	8	9	Total
Fairway										
Par										
Stroke										
Putts										
Hazard										
Penalties										
Score										

Trous	1	2	3	4	5	6	7	8	9	Total
Fairway										
Par										
Stroke										
Putts										
Hazard										
Penalties										
Score										

Carnet de Golf

Date: **Heure de début :**   **Heure de fin :**

Emplacement : ....

Temps : ☀ ☁ 🌧 ⚑   **Température :** ....

Partenaires de golf : ....

Eagles: ....   **Bogeys:** ....

Birdies: ....   **Bogey+:** ....

Pars: ....   **Autres :** ....

Trous	1	2	3	4	5	6	7	8	9	Total
Fairway										
Par										
Stroke										
Putts										
Hazard										
Penalties										
Score										

Trous	1	2	3	4	5	6	7	8	9	Total
Fairway										
Par										
Stroke										
Putts										
Hazard										
Penalties										
Score										

Carnet de Golf

Date: **Heure de début :** **Heure de fin :**

Emplacement : ……………………………………………………………………

Temps : ☀ ☁ 🌧 ⚑ **Température :** …………

Partenaires de golf : ………………………………………………………

Eagles: …………………………… **Bogeys:** ……………………………

Birdies: …………………………… **Bogey+:** ……………………………

Pars: …………………………… **Autres :** ……………………………

Trous	1	2	3	4	5	6	7	8	9	Total
Fairway										
Par										
Stroke										
Putts										
Hazard										
Penalties										
Score										

Trous	1	2	3	4	5	6	7	8	9	Total
Fairway										
Par										
Stroke										
Putts										
Hazard										
Penalties										
Score										

Carnet de Golf

Date: **Heure de début :** **Heure de fin :**

Emplacement : ....

Temps : ☀ ☁ 🌧 🚩 **Température :** ....

Partenaires de golf : ....

Eagles: .... **Bogeys:** ....

Birdies: .... **Bogey+:** ....

Pars: .... **Autres :** ....

Trous	1	2	3	4	5	6	7	8	9	Total
Fairway										
Par										
Stroke										
Putts										
Hazard										
Penalties										
Score										

Trous	1	2	3	4	5	6	7	8	9	Total
Fairway										
Par										
Stroke										
Putts										
Hazard										
Penalties										
Score										

Carnet de Golf

Date:　　　**Heure de début :**　　　**Heure de fin :**

Emplacement : ....

Temps : ☀ ☁ 🌧 ⚑　　**Température :** ....

Partenaires de golf : ....

Eagles: ....　**Bogeys:** ....

Birdies: ....　**Bogey+:** ....

Pars: ....　**Autres :** ....

Trous	1	2	3	4	5	6	7	8	9	Total
Fairway										
Par										
Stroke										
Putts										
Hazard										
Penalties										
Score										

Trous	1	2	3	4	5	6	7	8	9	Total
Fairway										
Par										
Stroke										
Putts										
Hazard										
Penalties										
Score										

Carnet de Golf

Date: Heure de début :   Heure de fin :

Emplacement : ....

Temps : ☀ ☁ 🌧 ⚑   Température : ....

Partenaires de golf : ....

Eagles: ....   Bogeys: ....

Birdies: ....   Bogey+: ....

Pars: ....   Autres : ....

Trous	1	2	3	4	5	6	7	8	9	Total
Fairway										
Par										
Stroke										
Putts										
Hazard										
Penalties										
Score										

Trous	1	2	3	4	5	6	7	8	9	Total
Fairway										
Par										
Stroke										
Putts										
Hazard										
Penalties										
Score										

Carnet de Golf

Date: **Heure de début :**   **Heure de fin :**

Emplacement : ....

Temps : ☀ ☁ 🌧 ⚑   **Température :** ....

Partenaires de golf : ....

Eagles: ....   **Bogeys:** ....

Birdies: ....   **Bogey+:** ....

Pars: ....   **Autres :** ....

Trous	1	2	3	4	5	6	7	8	9	Total
Fairway										
Par										
Stroke										
Putts										
Hazard										
Penalties										
Score										

Trous	1	2	3	4	5	6	7	8	9	Total
Fairway										
Par										
Stroke										
Putts										
Hazard										
Penalties										
Score										

Carnet de Golf

Date: **Heure de début :** **Heure de fin :**

Emplacement : ....

Temps : ☀ ☁ 🌧 ⚑ **Température :** ....

Partenaires de golf : ....

Eagles: .... **Bogeys:** ....

Birdies: .... **Bogey+:** ....

Pars: .... **Autres :** ....

Trous	1	2	3	4	5	6	7	8	9	Total
Fairway										
Par										
Stroke										
Putts										
Hazard										
Penalties										
Score										

Trous	1	2	3	4	5	6	7	8	9	Total
Fairway										
Par										
Stroke										
Putts										
Hazard										
Penalties										
Score										

Carnet de Golf

Date: **Heure de début :**   **Heure de fin :**

Emplacement : ....

Temps : ☀ ☁ 🌧 ⚑   **Température :** ....

Partenaires de golf : ....

Eagles: ....   **Bogeys:** ....

Birdies: ....   **Bogey+:** ....

Pars: ....   **Autres :** ....

Trous	1	2	3	4	5	6	7	8	9	Total
Fairway										
Par										
Stroke										
Putts										
Hazard										
Penalties										
Score										

Trous	1	2	3	4	5	6	7	8	9	Total
Fairway										
Par										
Stroke										
Putts										
Hazard										
Penalties										
Score										

Carnet de Golf

Date: **Heure de début :** **Heure de fin :**

Emplacement : ....

Temps : ☀ ☁ 🌧 ⚑ **Température :** ....

Partenaires de golf : ....

Eagles: .... **Bogeys:** ....

Birdies: .... **Bogey+:** ....

Pars: .... **Autres :** ....

Trous	1	2	3	4	5	6	7	8	9	Total
Fairway										
Par										
Stroke										
Putts										
Hazard										
Penalties										
Score										

Trous	1	2	3	4	5	6	7	8	9	Total
Fairway										
Par										
Stroke										
Putts										
Hazard										
Penalties										
Score										

Carnet de Golf

Date: **Heure de début :**   **Heure de fin :**

Emplacement : ....

Temps : ☀ ☁ 🌧 ⚑ **Température :** ....

Partenaires de golf : ....

Eagles:		**Bogeys:** ....
Birdies:		**Bogey+:** ....
Pars:		**Autres :** ....

Trous	1	2	3	4	5	6	7	8	9	Total
Fairway										
Par										
Stroke										
Putts										
Hazard										
Penalties										
Score										

Trous	1	2	3	4	5	6	7	8	9	Total
Fairway										
Par										
Stroke										
Putts										
Hazard										
Penalties										
Score										

Carnet de Golf

Date: **Heure de début :**   **Heure de fin :**

Emplacement : ....

Temps : ☀ ☁ 🌧 ⚑   **Température :** ....

Partenaires de golf : ....

Eagles: ....   **Bogeys:** ....

Birdies: ....   **Bogey+:** ....

Pars: ....   **Autres :** ....

Trous	1	2	3	4	5	6	7	8	9	Total
Fairway										
Par										
Stroke										
Putts										
Hazard										
Penalties										
Score										

Trous	1	2	3	4	5	6	7	8	9	Total
Fairway										
Par										
Stroke										
Putts										
Hazard										
Penalties										
Score										

Carnet de Golf

Date: Heure de début :   Heure de fin :

Emplacement : ....

Temps : ☀ ☁ 🌧 ⚑   Température : ....

Partenaires de golf : ....

Eagles: ....   Bogeys: ....

Birdies: ....   Bogey+: ....

Pars: ....   Autres : ....

Trous	1	2	3	4	5	6	7	8	9	Total
Fairway										
Par										
Stroke										
Putts										
Hazard										
Penalties										
Score										

Trous	1	2	3	4	5	6	7	8	9	Total
Fairway										
Par										
Stroke										
Putts										
Hazard										
Penalties										
Score										

Carnet de Golf

Date: **Heure de début :** **Heure de fin :**

Emplacement : ....

Temps : ☀ ☁ 🌧 ⚑ **Température :** ....

Partenaires de golf : ....

Eagles: .... **Bogeys:** ....

Birdies: .... **Bogey+:** ....

Pars: .... **Autres :** ....

Trous	1	2	3	4	5	6	7	8	9	Total
Fairway										
Par										
Stroke										
Putts										
Hazard										
Penalties										
Score										

Trous	1	2	3	4	5	6	7	8	9	Total
Fairway										
Par										
Stroke										
Putts										
Hazard										
Penalties										
Score										

Carnet de Golf

Date: **Heure de début :**   **Heure de fin :**

Emplacement : ....

Temps : ☀ ☁ 🌧 ⚑   **Température :** ....

Partenaires de golf : ....

Eagles: ....   **Bogeys:** ....

Birdies: ....   **Bogey+:** ....

Pars: ....   **Autres :** ....

Trous	1	2	3	4	5	6	7	8	9	Total
Fairway										
Par										
Stroke										
Putts										
Hazard										
Penalties										
Score										

Trous	1	2	3	4	5	6	7	8	9	Total
Fairway										
Par										
Stroke										
Putts										
Hazard										
Penalties										
Score										

Carnet de Golf

Date: **Heure de début :**   **Heure de fin :**

Emplacement : ....

Temps :   ☀   ☁   🌧   🚩   **Température :** ....

Partenaires de golf : ....

Eagles: ....   **Bogeys:** ....

Birdies: ....   **Bogey+:** ....

Pars: ....   **Autres :** ....

Trous	1	2	3	4	5	6	7	8	9	Total
Fairway										
Par										
Stroke										
Putts										
Hazard										
Penalties										
Score										

Trous	1	2	3	4	5	6	7	8	9	Total
Fairway										
Par										
Stroke										
Putts										
Hazard										
Penalties										
Score										

Carnet de Golf

Date: **Heure de début :**   **Heure de fin :**

Emplacement : ....

Temps : ☀ ☁ 🌧 ⚑   **Température :** ....

Partenaires de golf : ....

Eagles: ....   **Bogeys:** ....

Birdies: ....   **Bogey+:** ....

Pars: ....   **Autres :** ....

Trous	1	2	3	4	5	6	7	8	9	Total
Fairway										
Par										
Stroke										
Putts										
Hazard										
Penalties										
Score										

Trous	1	2	3	4	5	6	7	8	9	Total
Fairway										
Par										
Stroke										
Putts										
Hazard										
Penalties										
Score										

Carnet de Golf

Date: **Heure de début :** **Heure de fin :**

Emplacement : ....

Temps : ☀ ☁ 🌧 ⚑ **Température :** ....

Partenaires de golf : ....

Eagles: .... **Bogeys:** ....

Birdies: .... **Bogey+:** ....

Pars: .... **Autres :** ....

Trous	1	2	3	4	5	6	7	8	9	Total
Fairway										
Par										
Stroke										
Putts										
Hazard										
Penalties										
Score										
Trous	1	2	3	4	5	6	7	8	9	Total
Fairway										
Par										
Stroke										
Putts										
Hazard										
Penalties										
Score										

Carnet de Golf

Date: **Heure de début :**   **Heure de fin :**

Emplacement : ....

Temps : ☀ ☁ 🌧 ⚑   **Température :** ....

Partenaires de golf : ....

Eagles: ....   **Bogeys:** ....

Birdies: ....   **Bogey+:** ....

Pars: ....   **Autres :** ....

Trous	1	2	3	4	5	6	7	8	9	Total
Fairway										
Par										
Stroke										
Putts										
Hazard										
Penalties										
Score										

Trous	1	2	3	4	5	6	7	8	9	Total
Fairway										
Par										
Stroke										
Putts										
Hazard										
Penalties										
Score										

Carnet de Golf

Date: **Heure de début :** **Heure de fin :**

Emplacement : ....

Temps : ☀ ☁ 🌧 ⚑ **Température :** ....

Partenaires de golf : ....

Eagles: .... **Bogeys:** ....

Birdies: .... **Bogey+:** ....

Pars: .... **Autres :** ....

Trous	1	2	3	4	5	6	7	8	9	Total
Fairway										
Par										
Stroke										
Putts										
Hazard										
Penalties										
Score										

Trous	1	2	3	4	5	6	7	8	9	Total
Fairway										
Par										
Stroke										
Putts										
Hazard										
Penalties										
Score										

Carnet de Golf

Date: Heure de début :   Heure de fin :

Emplacement : ....

Temps : ☀ ☁ 🌧 ⚑   Température : ....

Partenaires de golf : ....

Eagles: ....   Bogeys: ....

Birdies: ....   Bogey+: ....

Pars: ....   Autres : ....

Trous	1	2	3	4	5	6	7	8	9	Total
Fairway										
Par										
Stroke										
Putts										
Hazard										
Penalties										
Score										

Trous	1	2	3	4	5	6	7	8	9	Total
Fairway										
Par										
Stroke										
Putts										
Hazard										
Penalties										
Score										

Carnet de Golf

Date: **Heure de début :**   **Heure de fin :**

Emplacement : ....

Temps : ☀ ☁ 🌧 ⚑   **Température :** ....

Partenaires de golf : ....

Eagles: ....   **Bogeys:** ....

Birdies: ....   **Bogey+:** ....

Pars: ....   **Autres :** ....

Trous	1	2	3	4	5	6	7	8	9	Total
Fairway										
Par										
Stroke										
Putts										
Hazard										
Penalties										
Score										

Trous	1	2	3	4	5	6	7	8	9	Total
Fairway										
Par										
Stroke										
Putts										
Hazard										
Penalties										
Score										

Carnet de Golf

Date: **Heure de début :**   **Heure de fin :**

Emplacement : ....

Temps : ☀ ☁ 🌧 ⚑   **Température :** ....

Partenaires de golf : ....

Eagles: ....   **Bogeys:** ....

Birdies: ....   **Bogey+:** ....

Pars: ....   **Autres :** ....

Trous	1	2	3	4	5	6	7	8	9	Total
Fairway										
Par										
Stroke										
Putts										
Hazard										
Penalties										
Score										

Trous	1	2	3	4	5	6	7	8	9	Total
Fairway										
Par										
Stroke										
Putts										
Hazard										
Penalties										
Score										

Carnet de Golf

Date: **Heure de début :**   **Heure de fin :**

Emplacement : ....

Temps : ☀ ☁ 🌧 ⚑   **Température :** ....

Partenaires de golf : ....

Eagles:	**Bogeys:** ....
Birdies:	**Bogey+:** ....
Pars:	**Autres :** ....

Trous	1	2	3	4	5	6	7	8	9	Total
Fairway										
Par										
Stroke										
Putts										
Hazard										
Penalties										
Score										

Trous	1	2	3	4	5	6	7	8	9	Total
Fairway										
Par										
Stroke										
Putts										
Hazard										
Penalties										
Score										

Carnet de Golf

Date: **Heure de début :** **Heure de fin :**

Emplacement : ....

Temps : ☀ ☁ 🌧 ⚑ **Température :** ....

Partenaires de golf : ....

Eagles: .... **Bogeys:** ....

Birdies: .... **Bogey+:** ....

Pars: .... **Autres :** ....

Trous	1	2	3	4	5	6	7	8	9	Total
Fairway										
Par										
Stroke										
Putts										
Hazard										
Penalties										
Score										

Trous	1	2	3	4	5	6	7	8	9	Total
Fairway										
Par										
Stroke										
Putts										
Hazard										
Penalties										
Score										

Carnet de Golf

Date: **Heure de début :** **Heure de fin :**

Emplacement : ....

Temps : ☀ ☁ 🌧 ⚑ **Température :** ....

Partenaires de golf : ....

Eagles: ....   **Bogeys:** ....

Birdies: ....   **Bogey+:** ....

Pars: ....   **Autres :** ....

Trous	1	2	3	4	5	6	7	8	9	Total
Fairway										
Par										
Stroke										
Putts										
Hazard										
Penalties										
Score										

Trous	1	2	3	4	5	6	7	8	9	Total
Fairway										
Par										
Stroke										
Putts										
Hazard										
Penalties										
Score										

Carnet de Golf

Date: **Heure de début :** **Heure de fin :**

Emplacement : ....

Temps : ☀ ☁ 🌧 ⚑ **Température :** ....

Partenaires de golf : ....

Eagles: .... **Bogeys:** ....

Birdies: .... **Bogey+:** ....

Pars: .... **Autres :** ....

Trous	1	2	3	4	5	6	7	8	9	Total
Fairway										
Par										
Stroke										
Putts										
Hazard										
Penalties										
Score										

Trous	1	2	3	4	5	6	7	8	9	Total
Fairway										
Par										
Stroke										
Putts										
Hazard										
Penalties										
Score										

Carnet de Golf

Date: **Heure de début :**   **Heure de fin :**

Emplacement : ....

Temps : ☀ ☁ 🌧 ⚑   **Température :** ....

Partenaires de golf : ....

Eagles: ....   **Bogeys:** ....

Birdies: ....   **Bogey+:** ....

Pars: ....   **Autres :** ....

Trous	1	2	3	4	5	6	7	8	9	Total
Fairway										
Par										
Stroke										
Putts										
Hazard										
Penalties										
Score										

Trous	1	2	3	4	5	6	7	8	9	Total
Fairway										
Par										
Stroke										
Putts										
Hazard										
Penalties										
Score										

Carnet de Golf

Date: **Heure de début :**   **Heure de fin :**

Emplacement : ....

Temps : ☀ ☁ 🌧 ⚑   **Température :** ....

Partenaires de golf : ....

Eagles: ....   **Bogeys:** ....

Birdies: ....   **Bogey+:** ....

Pars: ....   **Autres :** ....

Trous	1	2	3	4	5	6	7	8	9	Total
Fairway										
Par										
Stroke										
Putts										
Hazard										
Penalties										
Score										

Trous	1	2	3	4	5	6	7	8	9	Total
Fairway										
Par										
Stroke										
Putts										
Hazard										
Penalties										
Score										

Carnet de Golf

Date: **Heure de début :** **Heure de fin :**

Emplacement : ....

Temps : ☀ ☁ 🌧 ⚑ **Température :** ....

Partenaires de golf : ....

Eagles: .... **Bogeys:** ....

Birdies: .... **Bogey+:** ....

Pars: .... **Autres :** ....

Trous	1	2	3	4	5	6	7	8	9	Total
Fairway										
Par										
Stroke										
Putts										
Hazard										
Penalties										
Score										

Trous	1	2	3	4	5	6	7	8	9	Total
Fairway										
Par										
Stroke										
Putts										
Hazard										
Penalties										
Score										

Carnet de Golf

Date: **Heure de début :** **Heure de fin :**

Emplacement : ....

Temps : ☀ ☁ 🌧 ⚑ **Température :** ....

Partenaires de golf : ....

Eagles: .... **Bogeys:** ....

Birdies: .... **Bogey+:** ....

Pars: .... **Autres :** ....

Trous	1	2	3	4	5	6	7	8	9	Total
Fairway										
Par										
Stroke										
Putts										
Hazard										
Penalties										
Score										

Trous	1	2	3	4	5	6	7	8	9	Total
Fairway										
Par										
Stroke										
Putts										
Hazard										
Penalties										
Score										

Carnet de Golf

Date: **Heure de début :**   **Heure de fin :**

Emplacement : ....

Temps : ☀ ☁ 🌧 ⚑   **Température :** ....

Partenaires de golf : ....

Eagles: ....   **Bogeys:** ....

Birdies: ....   **Bogey+:** ....

Pars: ....   **Autres :** ....

Trous	1	2	3	4	5	6	7	8	9	Total
Fairway										
Par										
Stroke										
Putts										
Hazard										
Penalties										
Score										

Trous	1	2	3	4	5	6	7	8	9	Total
Fairway										
Par										
Stroke										
Putts										
Hazard										
Penalties										
Score										

Carnet de Golf

Date: **Heure de début :**   **Heure de fin :**

Emplacement : ....

Temps : ☀ ☁ 🌧 ⚑   **Température :** ....

Partenaires de golf : ....

Eagles: ....   **Bogeys:** ....

Birdies: ....   **Bogey+:** ....

Pars: ....   **Autres :** ....

Trous	1	2	3	4	5	6	7	8	9	Total
Fairway										
Par										
Stroke										
Putts										
Hazard										
Penalties										
Score										

Trous	1	2	3	4	5	6	7	8	9	Total
Fairway										
Par										
Stroke										
Putts										
Hazard										
Penalties										
Score										

Carnet de Golf

Date: **Heure de début :** **Heure de fin :**

Emplacement : ....

Temps : ☀ ☁ 🌧 🚩 **Température :** ....

Partenaires de golf : ....

Eagles: .... **Bogeys:** ....

Birdies: .... **Bogey+:** ....

Pars: .... **Autres :** ....

Trous	1	2	3	4	5	6	7	8	9	Total
Fairway										
Par										
Stroke										
Putts										
Hazard										
Penalties										
Score										

Trous	1	2	3	4	5	6	7	8	9	Total
Fairway										
Par										
Stroke										
Putts										
Hazard										
Penalties										
Score										

Carnet de Golf

Date: **Heure de début :**   **Heure de fin :**

Emplacement : ....

Temps : ☀ ☁ 🌧 ⚑   **Température :** ....

Partenaires de golf : ....

Eagles: ....   **Bogeys:** ....

Birdies: ....   **Bogey+:** ....

Pars: ....   **Autres :** ....

Trous	1	2	3	4	5	6	7	8	9	Total
Fairway										
Par										
Stroke										
Putts										
Hazard										
Penalties										
Score										

Trous	1	2	3	4	5	6	7	8	9	Total
Fairway										
Par										
Stroke										
Putts										
Hazard										
Penalties										
Score										

Carnet de Golf

Date: Heure de début :   Heure de fin :

Emplacement : ....

Temps : ☀ ☁ 🌧 ⚑   Température : ....

Partenaires de golf : ....

Eagles: ....   Bogeys: ....

Birdies: ....   Bogey+: ....

Pars: ....   Autres : ....

Trous	1	2	3	4	5	6	7	8	9	Total
Fairway										
Par										
Stroke										
Putts										
Hazard										
Penalties										
Score										

Trous	1	2	3	4	5	6	7	8	9	Total
Fairway										
Par										
Stroke										
Putts										
Hazard										
Penalties										
Score										

Carnet de Golf

Date: **Heure de début :**   **Heure de fin :**

Emplacement : ....

Temps : ☀ ☁ 🌧 ⚑   **Température :** ....

Partenaires de golf : ....

Eagles: ....   **Bogeys:** ....

Birdies: ....   **Bogey+:** ....

Pars: ....   **Autres :** ....

Trous	1	2	3	4	5	6	7	8	9	Total
Fairway										
Par										
Stroke										
Putts										
Hazard										
Penalties										
Score										

Trous	1	2	3	4	5	6	7	8	9	Total
Fairway										
Par										
Stroke										
Putts										
Hazard										
Penalties										
Score										

Carnet de Golf

Date: **Heure de début :**   **Heure de fin :**

Emplacement : ....

Temps : ☀ ☁ 🌧 ⚑   **Température :** ....

Partenaires de golf : ....

Eagles:	....	Bogeys:	....
Birdies:	....	Bogey+:	....
Pars:	....	Autres :	....

Trous	1	2	3	4	5	6	7	8	9	Total
Fairway										
Par										
Stroke										
Putts										
Hazard										
Penalties										
Score										

Trous	1	2	3	4	5	6	7	8	9	Total
Fairway										
Par										
Stroke										
Putts										
Hazard										
Penalties										
Score										

Carnet de Golf

Date: **Heure de début :**   **Heure de fin :**

Emplacement : ....

Temps : ☀ ☁ 🌧 ⚑   **Température :** ....

Partenaires de golf : ....

Eagles: ....   **Bogeys:** ....

Birdies: ....   **Bogey+:** ....

Pars: ....   **Autres :** ....

Trous	1	2	3	4	5	6	7	8	9	Total
Fairway										
Par										
Stroke										
Putts										
Hazard										
Penalties										
Score										

Trous	1	2	3	4	5	6	7	8	9	Total
Fairway										
Par										
Stroke										
Putts										
Hazard										
Penalties										
Score										

Carnet de Golf

Date: **Heure de début :** **Heure de fin :**

Emplacement : ....

Temps : ☀ ☁ 🌧 ⚑ **Température :** ....

Partenaires de golf : ....

Eagles: .... **Bogeys:** ....

Birdies: .... **Bogey+:** ....

Pars: .... **Autres :** ....

Trous	1	2	3	4	5	6	7	8	9	Total
Fairway										
Par										
Stroke										
Putts										
Hazard										
Penalties										
Score										

Trous	1	2	3	4	5	6	7	8	9	Total
Fairway										
Par										
Stroke										
Putts										
Hazard										
Penalties										
Score										

Carnet de Golf

Date: **Heure de début :**   **Heure de fin :**

Emplacement : ....

Temps : ☀ ☁ 🌧 ⚑   **Température :** ....

Partenaires de golf : ....

Eagles: ....   **Bogeys:** ....

Birdies: ....   **Bogey+:** ....

Pars: ....   **Autres :** ....

Trous	1	2	3	4	5	6	7	8	9	Total
Fairway										
Par										
Stroke										
Putts										
Hazard										
Penalties										
Score										

Trous	1	2	3	4	5	6	7	8	9	Total
Fairway										
Par										
Stroke										
Putts										
Hazard										
Penalties										
Score										

Carnet de Golf

Date: **Heure de début :** **Heure de fin :**

Emplacement : ....

Temps : ☀ ☁ 🌧 ⚑ **Température :** ....

Partenaires de golf : ....

Eagles: .... **Bogeys:** ....

Birdies: .... **Bogey+:** ....

Pars: .... **Autres :** ....

Trous	1	2	3	4	5	6	7	8	9	Total
Fairway										
Par										
Stroke										
Putts										
Hazard										
Penalties										
Score										

Trous	1	2	3	4	5	6	7	8	9	Total
Fairway										
Par										
Stroke										
Putts										
Hazard										
Penalties										
Score										

Carnet de Golf

Date: **Heure de début :**   **Heure de fin :**

Emplacement : ....

Temps : ☀ ☁ 🌧 ⚑   **Température :** ....

Partenaires de golf : ....

Eagles: ....   **Bogeys:** ....

Birdies: ....   **Bogey+:** ....

Pars: ....   **Autres :** ....

Trous	1	2	3	4	5	6	7	8	9	Total
Fairway										
Par										
Stroke										
Putts										
Hazard										
Penalties										
Score										

Trous	1	2	3	4	5	6	7	8	9	Total
Fairway										
Par										
Stroke										
Putts										
Hazard										
Penalties										
Score										

Carnet de Golf

Date: **Heure de début :**   **Heure de fin :**

Emplacement : ....

Temps : ☀ ☁ 🌧 ⚑   **Température :** ....

Partenaires de golf : ....

Eagles: ....   **Bogeys:** ....

Birdies: ....   **Bogey+:** ....

Pars: ....   **Autres :** ....

Trous	1	2	3	4	5	6	7	8	9	Total
Fairway										
Par										
Stroke										
Putts										
Hazard										
Penalties										
Score										

Trous	1	2	3	4	5	6	7	8	9	Total
Fairway										
Par										
Stroke										
Putts										
Hazard										
Penalties										
Score										

Carnet de Golf

Date: **Heure de début :**   **Heure de fin :**

Emplacement : ....

Temps : ☀ ☁ 🌧 ⚑   **Température :** ....

Partenaires de golf : ....

Eagles:	**Bogeys:** ....
Birdies:	**Bogey+:** ....
Pars:	**Autres :** ....

Trous	1	2	3	4	5	6	7	8	9	Total
Fairway										
Par										
Stroke										
Putts										
Hazard										
Penalties										
Score										

Trous	1	2	3	4	5	6	7	8	9	Total
Fairway										
Par										
Stroke										
Putts										
Hazard										
Penalties										
Score										

Carnet de Golf

Date: **Heure de début :**   **Heure de fin :**

Emplacement : ....

Temps : ☀ ☁ 🌧 ⚑   **Température :** ....

Partenaires de golf : ....

Eagles: ....   **Bogeys:** ....

Birdies: ....   **Bogey+:** ....

Pars: ....   **Autres :** ....

Trous	1	2	3	4	5	6	7	8	9	Total
Fairway										
Par										
Stroke										
Putts										
Hazard										
Penalties										
Score										

Trous	1	2	3	4	5	6	7	8	9	Total
Fairway										
Par										
Stroke										
Putts										
Hazard										
Penalties										
Score										

Carnet de Golf

Date: **Heure de début :** **Heure de fin :**

Emplacement : ....

Temps : ☀ ☁ 🌧 ⚑ **Température :** ....

Partenaires de golf : ....

Eagles: .... **Bogeys:** ....

Birdies: .... **Bogey+:** ....

Pars: .... **Autres :** ....

Trous	1	2	3	4	5	6	7	8	9	Total
Fairway										
Par										
Stroke										
Putts										
Hazard										
Penalties										
Score										

Trous	1	2	3	4	5	6	7	8	9	Total
Fairway										
Par										
Stroke										
Putts										
Hazard										
Penalties										
Score										

Carnet de Golf

Date: **Heure de début :**   **Heure de fin :**

Emplacement : ....

Temps : ☀ ☁ 🌧 ⚑   **Température :** ....

Partenaires de golf : ....

Eagles: ....   **Bogeys:** ....

Birdies: ....   **Bogey+:** ....

Pars: ....   **Autres :** ....

Trous	1	2	3	4	5	6	7	8	9	Total
Fairway										
Par										
Stroke										
Putts										
Hazard										
Penalties										
Score										

Trous	1	2	3	4	5	6	7	8	9	Total
Fairway										
Par										
Stroke										
Putts										
Hazard										
Penalties										
Score										

Carnet de Golf

Date: **Heure de début :** **Heure de fin :**

Emplacement : ....

Temps : ☀ ☁ 🌧 ⚑ **Température :** ....

Partenaires de golf : ....

Eagles: .... **Bogeys:** ....

Birdies: .... **Bogey+:** ....

Pars: .... **Autres :** ....

Trous	1	2	3	4	5	6	7	8	9	Total
Fairway										
Par										
Stroke										
Putts										
Hazard										
Penalties										
Score										

Trous	1	2	3	4	5	6	7	8	9	Total
Fairway										
Par										
Stroke										
Putts										
Hazard										
Penalties										
Score										

Carnet de Golf

Date: **Heure de début :** **Heure de fin :**

Emplacement : ....

Temps : ☀ ☁ 🌧 🚩 **Température :** ....

Partenaires de golf : ....

Eagles:	....	Bogeys:	....
Birdies:	....	Bogey+:	....
Pars:	....	Autres :	....

Trous	1	2	3	4	5	6	7	8	9	Total
Fairway										
Par										
Stroke										
Putts										
Hazard										
Penalties										
Score										

Trous	1	2	3	4	5	6	7	8	9	Total
Fairway										
Par										
Stroke										
Putts										
Hazard										
Penalties										
Score										

Carnet de Golf

Date: **Heure de début :**   **Heure de fin :**

Emplacement : ....

Temps : ☀ ☁ 🌧 ⚑   **Température :** ....

Partenaires de golf : ....

Eagles:	....	**Bogeys:**	....
Birdies:	....	**Bogey+:**	....
Pars:	....	**Autres :**	....

Trous	1	2	3	4	5	6	7	8	9	Total
Fairway										
Par										
Stroke										
Putts										
Hazard										
Penalties										
Score										

Trous	1	2	3	4	5	6	7	8	9	Total
Fairway										
Par										
Stroke										
Putts										
Hazard										
Penalties										
Score										

Carnet de Golf

Date: **Heure de début :** **Heure de fin :**

Emplacement : ....

Temps : ☀ ☁ 🌧 ⚑ **Température :** ....

Partenaires de golf : ....

Eagles: .... **Bogeys:** ....

Birdies: .... **Bogey+:** ....

Pars: .... **Autres :** ....

Trous	1	2	3	4	5	6	7	8	9	Total
Fairway										
Par										
Stroke										
Putts										
Hazard										
Penalties										
Score										

Trous	1	2	3	4	5	6	7	8	9	Total
Fairway										
Par										
Stroke										
Putts										
Hazard										
Penalties										
Score										

Carnet de Golf

Date: **Heure de début :**   **Heure de fin :**

Emplacement : ....

Temps : ☀ ☁ 🌧 🚩   **Température :** ....

Partenaires de golf : ....

Eagles: ....   **Bogeys:** ....

Birdies: ....   **Bogey+:** ....

Pars: ....   **Autres :** ....

Trous	1	2	3	4	5	6	7	8	9	Total
Fairway										
Par										
Stroke										
Putts										
Hazard										
Penalties										
Score										

Trous	1	2	3	4	5	6	7	8	9	Total
Fairway										
Par										
Stroke										
Putts										
Hazard										
Penalties										
Score										

Carnet de Golf

Date: **Heure de début :**   **Heure de fin :**

Emplacement : ....

Temps : ☀ ☁ 🌧 ⚐   **Température :** ....

Partenaires de golf : ....

Eagles: ....   **Bogeys:** ....

Birdies: ....   **Bogey+:** ....

Pars: ....   **Autres :** ....

Trous	1	2	3	4	5	6	7	8	9	Total
Fairway										
Par										
Stroke										
Putts										
Hazard										
Penalties										
Score										
Trous	1	2	3	4	5	6	7	8	9	Total
Fairway										
Par										
Stroke										
Putts										
Hazard										
Penalties										
Score										

Carnet de Golf

Date: **Heure de début :** **Heure de fin :**

Emplacement : ....

Temps : ☀ ☁ 🌧 ⚑ **Température :** ....

Partenaires de golf : ....

Eagles: .... **Bogeys:** ....

Birdies: .... **Bogey+:** ....

Pars: .... **Autres :** ....

Trous	1	2	3	4	5	6	7	8	9	Total
Fairway										
Par										
Stroke										
Putts										
Hazard										
Penalties										
Score										

Trous	1	2	3	4	5	6	7	8	9	Total
Fairway										
Par										
Stroke										
Putts										
Hazard										
Penalties										
Score										

Carnet de Golf

Date: **Heure de début :**   **Heure de fin :**

Emplacement : ....

Temps : ☀ ☁ 🌧 ⚑   **Température :** ....

Partenaires de golf : ....

Eagles: ....   **Bogeys:** ....

Birdies: ....   **Bogey+:** ....

Pars: ....   **Autres :** ....

Trous	1	2	3	4	5	6	7	8	9	Total
Fairway										
Par										
Stroke										
Putts										
Hazard										
Penalties										
Score										

Trous	1	2	3	4	5	6	7	8	9	Total
Fairway										
Par										
Stroke										
Putts										
Hazard										
Penalties										
Score										

Carnet de Golf

| Date: | Heure de début : | Heure de fin : |

Emplacement : ....

Temps : ☀ ☁ 🌧 ⚑ **Température :** ....

Partenaires de golf : ....

Eagles:	**Bogeys:** ....
Birdies:	**Bogey+:** ....
Pars:	**Autres :** ....

Trous	1	2	3	4	5	6	7	8	9	Total
Fairway										
Par										
Stroke										
Putts										
Hazard										
Penalties										
Score										

Trous	1	2	3	4	5	6	7	8	9	Total
Fairway										
Par										
Stroke										
Putts										
Hazard										
Penalties										
Score										

Carnet de Golf

Date: **Heure de début :** **Heure de fin :**

Emplacement : ....

Temps : ☀ ☁ 🌧 ⚑ **Température :** ....

Partenaires de golf : ....

Eagles: .... **Bogeys:** ....

Birdies: .... **Bogey+:** ....

Pars: .... **Autres :** ....

Trous	1	2	3	4	5	6	7	8	9	Total
Fairway										
Par										
Stroke										
Putts										
Hazard										
Penalties										
Score										

Trous	1	2	3	4	5	6	7	8	9	Total
Fairway										
Par										
Stroke										
Putts										
Hazard										
Penalties										
Score										

Carnet de Golf

Date: **Heure de début :** **Heure de fin :**

Emplacement : ....

Temps : ☀ ☁ 🌧 ⚑ **Température :** ....

Partenaires de golf : ....

Eagles: .... **Bogeys:** ....

Birdies: .... **Bogey+:** ....

Pars: .... **Autres :** ....

Trous	1	2	3	4	5	6	7	8	9	Total
Fairway										
Par										
Stroke										
Putts										
Hazard										
Penalties										
Score										

Trous	1	2	3	4	5	6	7	8	9	Total
Fairway										
Par										
Stroke										
Putts										
Hazard										
Penalties										
Score										

Carnet de Golf

Date: Heure de début :   Heure de fin :

Emplacement : ....

Temps : ☀ ☁ 🌧 ⚐   Température : ....

Partenaires de golf : ....

Eagles: ....   Bogeys: ....

Birdies: ....   Bogey+: ....

Pars: ....   Autres : ....

Trous	1	2	3	4	5	6	7	8	9	Total
Fairway										
Par										
Stroke										
Putts										
Hazard										
Penalties										
Score										

Trous	1	2	3	4	5	6	7	8	9	Total
Fairway										
Par										
Stroke										
Putts										
Hazard										
Penalties										
Score										

Carnet de Golf

Date: **Heure de début :**   **Heure de fin :**

Emplacement : ....

Temps : ☀ ☁ 🌧 ⚑   **Température :** ....

Partenaires de golf : ....

Eagles: ....   **Bogeys:** ....

Birdies: ....   **Bogey+:** ....

Pars: ....   **Autres :** ....

Trous	1	2	3	4	5	6	7	8	9	Total
Fairway										
Par										
Stroke										
Putts										
Hazard										
Penalties										
Score										

Trous	1	2	3	4	5	6	7	8	9	Total
Fairway										
Par										
Stroke										
Putts										
Hazard										
Penalties										
Score										

Carnet de Golf

Date: **Heure de début :**   **Heure de fin :**

Emplacement : ....

Temps : ☀ ☁ 🌧 ⚑   **Température :** ....

Partenaires de golf : ....

Eagles:	....	Bogeys:	....
Birdies:	....	Bogey+:	....
Pars:	....	Autres :	....

Trous	1	2	3	4	5	6	7	8	9	Total
Fairway										
Par										
Stroke										
Putts										
Hazard										
Penalties										
Score										

Trous	1	2	3	4	5	6	7	8	9	Total
Fairway										
Par										
Stroke										
Putts										
Hazard										
Penalties										
Score										

Carnet de Golf

Date: **Heure de début :**   **Heure de fin :**

Emplacement : ....

Temps : ☀ ☁ 🌧 ⚑   **Température :** ....

Partenaires de golf : ....

Eagles: ....   **Bogeys:** ....

Birdies: ....   **Bogey+:** ....

Pars: ....   **Autres :** ....

Trous	1	2	3	4	5	6	7	8	9	Total
Fairway										
Par										
Stroke										
Putts										
Hazard										
Penalties										
Score										

Trous	1	2	3	4	5	6	7	8	9	Total
Fairway										
Par										
Stroke										
Putts										
Hazard										
Penalties										
Score										

Carnet de Golf

Date: **Heure de début :**   **Heure de fin :**

Emplacement : ....

Temps : ☀ ☁ 🌧 ⚑   **Température :** ....

Partenaires de golf : ....

Eagles: ....   **Bogeys:** ....

Birdies: ....   **Bogey+:** ....

Pars: ....   **Autres :** ....

Trous	1	2	3	4	5	6	7	8	9	Total
Fairway										
Par										
Stroke										
Putts										
Hazard										
Penalties										
Score										

Trous	1	2	3	4	5	6	7	8	9	Total
Fairway										
Par										
Stroke										
Putts										
Hazard										
Penalties										
Score										

Carnet de Golf

Date: **Heure de début :**   **Heure de fin :**

Emplacement : ....

Temps : ☀ ☁ 🌧 ⚑   **Température :** ....

Partenaires de golf : ....

Eagles: ....   **Bogeys:** ....

Birdies: ....   **Bogey+:** ....

Pars: ....   **Autres :** ....

Trous	1	2	3	4	5	6	7	8	9	Total
Fairway										
Par										
Stroke										
Putts										
Hazard										
Penalties										
Score										

Trous	1	2	3	4	5	6	7	8	9	Total
Fairway										
Par										
Stroke										
Putts										
Hazard										
Penalties										
Score										

Carnet de Golf

Date: **Heure de début :**   **Heure de fin :**

Emplacement : ....

Temps : ☀ ☁ 🌧 ⚑   **Température :** ....

Partenaires de golf : ....

Eagles: ....   **Bogeys:** ....

Birdies: ....   **Bogey+:** ....

Pars: ....   **Autres :** ....

Trous	1	2	3	4	5	6	7	8	9	Total
Fairway										
Par										
Stroke										
Putts										
Hazard										
Penalties										
Score										

Trous	1	2	3	4	5	6	7	8	9	Total
Fairway										
Par										
Stroke										
Putts										
Hazard										
Penalties										
Score										

Carnet de Golf

Date: **Heure de début :** **Heure de fin :**

Emplacement : ....

Temps : ☀ ☁ 🌧 ⚑ **Température :** ....

Partenaires de golf : ....

Eagles: .... **Bogeys:** ....

Birdies: .... **Bogey+:** ....

Pars: .... **Autres :** ....

Trous	1	2	3	4	5	6	7	8	9	Total
Fairway										
Par										
Stroke										
Putts										
Hazard										
Penalties										
Score										

Trous	1	2	3	4	5	6	7	8	9	Total
Fairway										
Par										
Stroke										
Putts										
Hazard										
Penalties										
Score										

Carnet de Golf

Date: **Heure de début :** **Heure de fin :**

Emplacement : ....

Temps : ☀ ☁ 🌧 ⚑ **Température :** ....

Partenaires de golf : ....

Eagles: .... **Bogeys:** ....

Birdies: .... **Bogey+:** ....

Pars: .... **Autres :** ....

Trous	1	2	3	4	5	6	7	8	9	Total
Fairway										
Par										
Stroke										
Putts										
Hazard										
Penalties										
Score										
Trous	1	2	3	4	5	6	7	8	9	Total
Fairway										
Par										
Stroke										
Putts										
Hazard										
Penalties										
Score										

Carnet de Golf

Date: **Heure de début :**   **Heure de fin :**

Emplacement : ....

Temps : ☀ ☁ 🌧 ⚑   **Température :** ....

Partenaires de golf : ....

Eagles: ....   **Bogeys:** ....

Birdies: ....   **Bogey+:** ....

Pars: ....   **Autres :** ....

Trous	1	2	3	4	5	6	7	8	9	Total
Fairway										
Par										
Stroke										
Putts										
Hazard										
Penalties										
Score										

Trous	1	2	3	4	5	6	7	8	9	Total
Fairway										
Par										
Stroke										
Putts										
Hazard										
Penalties										
Score										

Carnet de Golf

Date: **Heure de début :** **Heure de fin :**

Emplacement : ....

Temps : ☀ ☁ 🌧 ⚑ **Température :** ....

Partenaires de golf : ....

Eagles: .... **Bogeys:** ....

Birdies: .... **Bogey+:** ....

Pars: .... **Autres :** ....

Trous	1	2	3	4	5	6	7	8	9	Total
Fairway										
Par										
Stroke										
Putts										
Hazard										
Penalties										
Score										

Trous	1	2	3	4	5	6	7	8	9	Total
Fairway										
Par										
Stroke										
Putts										
Hazard										
Penalties										
Score										

Carnet de Golf

Date: **Heure de début :**   **Heure de fin :**

Emplacement : ....

Temps : ☀ ☁ 🌧 ⚑   **Température :** ....

Partenaires de golf : ....

Eagles: ....   **Bogeys:** ....

Birdies: ....   **Bogey+:** ....

Pars: ....   **Autres :** ....

Trous	1	2	3	4	5	6	7	8	9	Total
Fairway										
Par										
Stroke										
Putts										
Hazard										
Penalties										
Score										

Trous	1	2	3	4	5	6	7	8	9	Total
Fairway										
Par										
Stroke										
Putts										
Hazard										
Penalties										
Score										

Carnet de Golf

Date: **Heure de début :**   **Heure de fin :**

Emplacement : ....

Temps : ☀ ☁ 🌧 ⚑   **Température :** ....

Partenaires de golf : ....

Eagles:		**Bogeys:**	
Birdies:		**Bogey+:**	
Pars:		**Autres :**	

Trous	1	2	3	4	5	6	7	8	9	Total
Fairway										
Par										
Stroke										
Putts										
Hazard										
Penalties										
Score										

Trous	1	2	3	4	5	6	7	8	9	Total
Fairway										
Par										
Stroke										
Putts										
Hazard										
Penalties										
Score										

Carnet de Golf

Date: **Heure de début :** **Heure de fin :**

Emplacement : ....

Temps : ☀ ☁ 🌧 ⚑ **Température :** ....

Partenaires de golf : ....

Eagles: .... **Bogeys:** ....

Birdies: .... **Bogey+:** ....

Pars: .... **Autres :** ....

Trous	1	2	3	4	5	6	7	8	9	Total
Fairway										
Par										
Stroke										
Putts										
Hazard										
Penalties										
Score										

Trous	1	2	3	4	5	6	7	8	9	Total
Fairway										
Par										
Stroke										
Putts										
Hazard										
Penalties										
Score										

Carnet de Golf

Date: **Heure de début :**   **Heure de fin :**

Emplacement : ....

Temps : ☀ ☁ 🌧 ⚑   **Température :** ....

Partenaires de golf : ....

Eagles:	**Bogeys:**	
Birdies:	**Bogey+:**	
Pars:	**Autres :**	

Trous	1	2	3	4	5	6	7	8	9	Total
Fairway										
Par										
Stroke										
Putts										
Hazard										
Penalties										
Score										

Trous	1	2	3	4	5	6	7	8	9	Total
Fairway										
Par										
Stroke										
Putts										
Hazard										
Penalties										
Score										

Carnet de Golf

Date: **Heure de début :** **Heure de fin :**

Emplacement : ....

Temps : ☀ ☁ 🌧 ⚑ **Température :** ....

Partenaires de golf : ....

Eagles: .... **Bogeys:** ....

Birdies: .... **Bogey+:** ....

Pars: .... **Autres :** ....

Trous	1	2	3	4	5	6	7	8	9	Total
Fairway										
Par										
Stroke										
Putts										
Hazard										
Penalties										
Score										
Trous	1	2	3	4	5	6	7	8	9	Total
Fairway										
Par										
Stroke										
Putts										
Hazard										
Penalties										
Score										

Carnet de Golf

Date: **Heure de début :** **Heure de fin :**

Emplacement : ....

Temps : ☀ ☁ 🌧 ⚑ **Température :** ....

Partenaires de golf : ....

Eagles: .... **Bogeys:** ....

Birdies: .... **Bogey+:** ....

Pars: .... **Autres :** ....

Trous	1	2	3	4	5	6	7	8	9	Total
Fairway										
Par										
Stroke										
Putts										
Hazard										
Penalties										
Score										

Trous	1	2	3	4	5	6	7	8	9	Total
Fairway										
Par										
Stroke										
Putts										
Hazard										
Penalties										
Score										

Carnet de Golf

Date: **Heure de début :** **Heure de fin :**

Emplacement : ....

Temps : ☀ ☁ 🌧 ⚑ **Température :** ....

Partenaires de golf : ....

Eagles: .... **Bogeys:** ....

Birdies: .... **Bogey+:** ....

Pars: .... **Autres :** ....

Trous	1	2	3	4	5	6	7	8	9	Total
Fairway										
Par										
Stroke										
Putts										
Hazard										
Penalties										
Score										

Trous	1	2	3	4	5	6	7	8	9	Total
Fairway										
Par										
Stroke										
Putts										
Hazard										
Penalties										
Score										

Carnet de Golf

Date: **Heure de début :**   **Heure de fin :**

Emplacement : ....

Temps : ☀ ☁ 🌧 ⚑   **Température :** ....

Partenaires de golf : ....

Eagles: ....   **Bogeys:** ....

Birdies: ....   **Bogey+:** ....

Pars: ....   **Autres :** ....

Trous	1	2	3	4	5	6	7	8	9	Total
Fairway										
Par										
Stroke										
Putts										
Hazard										
Penalties										
Score										

Trous	1	2	3	4	5	6	7	8	9	Total
Fairway										
Par										
Stroke										
Putts										
Hazard										
Penalties										
Score										

Carnet de Golf

Date: **Heure de début :** **Heure de fin :**

Emplacement : ....

Temps : ☀ ☁ 🌧 🚩 **Température :** ....

Partenaires de golf : ....

Eagles: .... **Bogeys:** ....

Birdies: .... **Bogey+:** ....

Pars: .... **Autres :** ....

Trous	1	2	3	4	5	6	7	8	9	Total
Fairway										
Par										
Stroke										
Putts										
Hazard										
Penalties										
Score										

Trous	1	2	3	4	5	6	7	8	9	Total
Fairway										
Par										
Stroke										
Putts										
Hazard										
Penalties										
Score										

Carnet de Golf

Date: **Heure de début :**   **Heure de fin :**

Emplacement : ....

Temps : ☀ ☁ 🌧 ⚑   **Température :** ....

Partenaires de golf : ....

Eagles: .... **Bogeys:** ....

Birdies: .... **Bogey+:** ....

Pars: .... **Autres :** ....

Trous	1	2	3	4	5	6	7	8	9	Total
Fairway										
Par										
Stroke										
Putts										
Hazard										
Penalties										
Score										

Trous	1	2	3	4	5	6	7	8	9	Total
Fairway										
Par										
Stroke										
Putts										
Hazard										
Penalties										
Score										

Carnet de Golf

Date: **Heure de début :** **Heure de fin :**

Emplacement : ....

Temps : ☼ ☁ 🌧 ⚑ **Température :** ....

Partenaires de golf : ....

Eagles:	**Bogeys:** ....
Birdies:	**Bogey+:** ....
Pars:	**Autres :** ....

Trous	1	2	3	4	5	6	7	8	9	Total
Fairway										
Par										
Stroke										
Putts										
Hazard										
Penalties										
Score										

Trous	1	2	3	4	5	6	7	8	9	Total
Fairway										
Par										
Stroke										
Putts										
Hazard										
Penalties										
Score										

Carnet de Golf

Date: **Heure de début :** **Heure de fin :**

Emplacement : ....

Temps : ☀ ☁ 🌧 ⚑ **Température :** ....

Partenaires de golf : ....

Eagles: .... **Bogeys:** ....

Birdies: .... **Bogey+:** ....

Pars: .... **Autres :** ....

Trous	1	2	3	4	5	6	7	8	9	Total
Fairway										
Par										
Stroke										
Putts										
Hazard										
Penalties										
Score										
Trous	1	2	3	4	5	6	7	8	9	Total
Fairway										
Par										
Stroke										
Putts										
Hazard										
Penalties										
Score										

Carnet de Golf

Date: Heure de début :   Heure de fin :

Emplacement : ....

Temps : ☀ ☁ 🌧 ⚑   Température : ....

Partenaires de golf : ....

Eagles: ....   Bogeys: ....

Birdies: ....   Bogey+: ....

Pars: ....   Autres : ....

Trous	1	2	3	4	5	6	7	8	9	Total
Fairway										
Par										
Stroke										
Putts										
Hazard										
Penalties										
Score										

Trous	1	2	3	4	5	6	7	8	9	Total
Fairway										
Par										
Stroke										
Putts										
Hazard										
Penalties										
Score										

Carnet de Golf

Date: **Heure de début :**   **Heure de fin :**

Emplacement : ....

Temps : ☀ ☁ 🌧 ⚑   **Température :** ....

Partenaires de golf : ....

Eagles: ....   **Bogeys:** ....

Birdies: ....   **Bogey+:** ....

Pars: ....   **Autres :** ....

Trous	1	2	3	4	5	6	7	8	9	Total
Fairway										
Par										
Stroke										
Putts										
Hazard										
Penalties										
Score										

Trous	1	2	3	4	5	6	7	8	9	Total
Fairway										
Par										
Stroke										
Putts										
Hazard										
Penalties										
Score										

Carnet de Golf

Date: **Heure de début :**   **Heure de fin :**

Emplacement : ....

Temps : ☀ ☁ 🌧 ⚑   **Température :** ....

Partenaires de golf : ....

Eagles: ....   **Bogeys:** ....

Birdies: ....   **Bogey+:** ....

Pars: ....   **Autres :** ....

Trous	1	2	3	4	5	6	7	8	9	Total
Fairway										
Par										
Stroke										
Putts										
Hazard										
Penalties										
Score										

Trous	1	2	3	4	5	6	7	8	9	Total
Fairway										
Par										
Stroke										
Putts										
Hazard										
Penalties										
Score										

Carnet de Golf

Date: **Heure de début :**   **Heure de fin :**

Emplacement : ....

Temps : ☀ ☁ 🌧 ⚑   **Température :** ....

Partenaires de golf : ....

Eagles: ....   **Bogeys:** ....

Birdies: ....   **Bogey+:** ....

Pars: ....   **Autres :** ....

Trous	1	2	3	4	5	6	7	8	9	Total
Fairway										
Par										
Stroke										
Putts										
Hazard										
Penalties										
Score										

Trous	1	2	3	4	5	6	7	8	9	Total
Fairway										
Par										
Stroke										
Putts										
Hazard										
Penalties										
Score										

Carnet de Golf

Date: **Heure de début :**   **Heure de fin :**

Emplacement : ....

Temps : ☀ ☁ 🌧 ⚑   **Température :** ....

Partenaires de golf : ....

Eagles: ....   **Bogeys:** ....

Birdies: ....   **Bogey+:** ....

Pars: ....   **Autres :** ....

Trous	1	2	3	4	5	6	7	8	9	Total
Fairway										
Par										
Stroke										
Putts										
Hazard										
Penalties										
Score										

Trous	1	2	3	4	5	6	7	8	9	Total
Fairway										
Par										
Stroke										
Putts										
Hazard										
Penalties										
Score										

Carnet de Golf

Date: **Heure de début :** **Heure de fin :**

Emplacement : ....

Temps : ☀ ☁ 🌧 ⚑ **Température :** ....

Partenaires de golf : ....

Eagles: .... **Bogeys:** ....

Birdies: .... **Bogey+:** ....

Pars: .... **Autres :** ....

Trous	1	2	3	4	5	6	7	8	9	Total
Fairway										
Par										
Stroke										
Putts										
Hazard										
Penalties										
Score										

Trous	1	2	3	4	5	6	7	8	9	Total
Fairway										
Par										
Stroke										
Putts										
Hazard										
Penalties										
Score										

Carnet de Golf

Date: **Heure de début :**   **Heure de fin :**

Emplacement : ....

Temps : ☀ ☁ 🌧 ⚐   **Température :** ....

Partenaires de golf : ....

Eagles: ....   **Bogeys:** ....

Birdies: ....   **Bogey+:** ....

Pars: ....   **Autres :** ....

Trous	1	2	3	4	5	6	7	8	9	Total
Fairway										
Par										
Stroke										
Putts										
Hazard										
Penalties										
Score										

Trous	1	2	3	4	5	6	7	8	9	Total
Fairway										
Par										
Stroke										
Putts										
Hazard										
Penalties										
Score										

Carnet de Golf

Date: **Heure de début :**   **Heure de fin :**

Emplacement : ....

Temps : ☀ ☁ 🌧 ⚑   **Température :** ....

Partenaires de golf : ....

Eagles:	....	**Bogeys:**	....
Birdies:	....	**Bogey+:**	....
Pars:	....	**Autres :**	....

Trous	1	2	3	4	5	6	7	8	9	Total
Fairway										
Par										
Stroke										
Putts										
Hazard										
Penalties										
Score										

Trous	1	2	3	4	5	6	7	8	9	Total
Fairway										
Par										
Stroke										
Putts										
Hazard										
Penalties										
Score